我曾为世界彻夜不眠

喻言 著

作家出版社

图书在版编目（CIP）数据

我曾为世界彻夜不眠 / 喻言著 .—北京：作家出版社，2022.3
ISBN 978-7-5212-1780-3

Ⅰ.①我… Ⅱ.①喻… Ⅲ.①诗集—中国—当代 Ⅳ.① I227

中国版本图书馆 CIP 数据核字（2022）第 015841 号

我曾为世界彻夜不眠

作　　者：喻　言
责任编辑：张　平　张　婷
装帧设计：娜　拉
封面插图：喻　棣
出版发行：作家出版社有限公司
社　　址：北京农展馆南里 10 号　　　　邮　　编：100125
电话传真：86-10-65067186（发行中心及邮购部）
　　　　　86-10-65004079（总编室）

E-mail:zuojia @ zuojia.net.cn
http://www.zuojiachubanshe.com

字　　数：140 千
印　　张：7.25
版　　次：2022 年 3 月第 1 版
印　　次：2022 年 3 月第 1 次印刷
ISBN　978-7-5212-1780-3
定　　价：58.00 元

喻言，1967年出生重庆，现居北京、成都。1985年开始在《星星诗刊》《诗歌报》等刊物发表诗歌习作。九十年代初搁笔。2015年重返诗坛后，相继在《人民文学》《中国作家》《十月》《花城》《钟山》《作家》等文学刊物发表诗歌作品数百首，作品入选上百选本，著有个人诗集《批评与自我批评》。曾获第四届剑桥大学"银柳叶诗歌奖"，首届草堂诗歌奖"年度实力诗人奖"、2016年年度诗人等。

序

想象力的火花：关于喻言的
《我曾为世界彻夜不眠》

吉狄马加

在《后记》里，喻言形容自己是"一只自我关押了二十多年的困兽"。在搁笔二十多年之后，喻言重新开始写诗，这头重新冲入语言世界的困兽是生猛的，它的横冲直撞甚至显示出某种青春般的犀利和不羁。在我看来，想象力，正是这头猛兽体内最重要的"燃料"。

喻言的诗给我留下的最突出印象，便是它们充满了独属于诗歌的想象力。喻言的诗多有奇思妙想，他擅长以自然的、带有口语化风格的修辞，去铺展出极富"反转感"的想象画面。在《真相》里，"我们看见"的场景是一个人在河边钓鱼，而在喻言笔下，诗的真相，却是"几条无聊得吐着水泡的鱼／用钓钩、钓线、钓竿／把这个人／钓在河岸上／整整一天"。《我赶着一群石头上山》里，诗人"像牧羊人赶着羊群"一样，要把一群石头赶上山顶；这显然是对经典的西西弗斯神话的仿拟，只不过在喻言笔下，这样的行为似乎更具游戏性质，当夜色降临（自然界的秩序反转发生），石头们便如淘气的孩子一样"再也挪不动脚步"，进而"一哄而散／纷纷滚落山脚"。《向植物学习》中的喻言，"向植物学习一门外语"，然后用这门"外语"在月光下的花园里发表演讲，"人间毫无反应／昆虫界持续震惊"。《无意中，我建起一个宇宙》则用主体的知觉和动作重构了宇宙的发生学：满天星辰的起源是一个喷嚏、月亮则是随着"我"的"长长的深呼吸"才终于缓缓升起。

在喻言的很多短诗中，想象力提供了内生的动力和结构。一闪而过的奇妙念头、无拘无束的自由幻想，成为诗人的言说动机，生成了诗作的主体构造，并提供了观察生活的独特视角，重建了主体与外部世界间的隐秘关联和相互理解——就像物理学里的"小孔成像"实验一般，寻常的景观穿过语言的孔洞，投射出了颠倒而放大的戏剧化形象。想象力在此既是方法论，也是世界观，它成为喻言诗歌醒目的特征与品质。

有趣的是，喻言的想象力固然有其"天真"的一面，但在很多时候，也流露出源自"经验"的复杂、沧桑。《云上的日子》里，喻言描述了一种想象中的"云上生活"；然而不同于那种"枕着云朵""摘下星星"的习惯性预设，喻言笔下的"云中君"们白天害怕被烤化，夜晚则被冻得裹在云絮里发抖，甚至它们偶然望向人间，也仅仅是在"估量／离哪座山头更近／跳下去／会不会摔死"。天空如此、大地亦如是，大地"在几大洋上漂来漂去"，需要以人作为图钉、"把大地钉在地图上"，"没有我们／大地就会漂浮起来"（《大地没我们想象那样踏实》）。不稳定的天空与漂浮着的大地，暗示出诗人更加复杂的潜意识结构——那些飞扬的想象背后，深藏着的其实是改装过后的孤独感和批判性。喻言深知生活在表象之下埋藏的复杂、苦楚甚至残酷，他知道"尘世中一切美好事物／都带着一点点毒素"（《蘑菇》），也清楚"有多少座桥／就有多少个废弃的渡口"（《万古愁》）。说到底，恰恰是"迷幻的错觉"，才能"让我在这个世界流连忘返"（《我一直误会了与这个世界的关系》）；如果说想象力是喻言的一副墨镜，那么有时诗人"戴上墨镜，仅仅因为／不想将人间／看得太清晰"、是为了"与世界保持／一根竹竿的距离"（《瞎子》）。想象，在此成为疗愈自我、救赎世界的方式。

也正因如此，喻言的想象冲动，才会对自然世界格外钟爱：在一种挣脱了世俗生活约束、回归传统意象谱系的时空结构和情感语境里，主体对完整性和自由度的保有，仿佛是一件更加容易的事情。当春天里的植物迅猛勃发，一夜之间"就攻占了墙边与山脚"，诗人怀着惊喜的心情，"果断推开窗子／举起双手／成为这个春天／第一批俘虏"（《植物在春天举起义旗》）；而漫山的石头成为诗人认领的子嗣，"这些被世界遗弃的孤儿／……带着伤痕长大／它们长得像山一样高大／与群山融为一体"，衰老的诗人只有从它们身上才能听到自己灵魂的声音，"我逃离城市来到山中／大声呼喊／听见它们的回应／来自群山的各个方向"(《我在山中养着一群石头》)。他的诗里有对因袭的"故我"的强烈不认同，想象着要脱去衣物甚至皮肉，"在春风中洗一场大澡"，以去除"肉里的龌龊、骨头上的霉斑、心中的阴影"(《我要在春风中洗一场大澡》)。《我去山中召开秘密会议》则相对平和，诗人虚构了一场同天地自然的对话，把想象力与沧桑感、把孤独与安宁融在了一起："群山很高／声音很低／但，他们全都听见／一直是我在讲／……我的话，只有那些／经历岁月捶打的老骨头／才能真正明白"。在自然的身上，喻言能够更好地想象自我、想象生活。

在形式上，这是向中国诗歌传统旨趣的一种靠拢，但实际上，喻言的诗作背后，大都埋藏有厚重沉郁的现代经验"前文本"——例如，《我一直误会了与这个世界的关系》一首，就会让我们很自然地想到希腊诗人卡瓦菲斯的《城市》、想到现代人普遍而坚硬的生存处境。在我看来，喻言的想象力既是轻的，也是重的，他的许多诗作都显示出鲜明的时代意识和人类文明的反思视野。这本诗集的第五辑"一只蚂蚁正跨越泰晤士河"和第六辑"机器人时代"，都自觉而深入地涉及全球化、人工智能等重大议题。诗人在横跨桥面的蚂蚁身上探求文明进程的隐喻(《一只蚂蚁正跨越泰晤士河》)、在异国大海的"蓝色餐布"面前感受到象征性的搁浅和来自历史深处的饥饿感(《上帝的午餐》)。《机器人时代》和《一条鱼的命运及其世界观》两部组诗，在人类、人工智能、鱼类的视角间来回切换，不断拉伸着诗歌语言想象和阐释未来的弹性限度。这些，无疑有效地拓展了喻言诗歌写作的广度和深度，也为其想象力赋予了更加驳杂深邃的意蕴。在今天，诗歌这门古老的手艺之所以仍然重要、仍然难以被取代，原因之一便是，诗歌能够为人类提供观察世界的另一种角度、另一种方式，它帮助我们挣脱工具理性和思维惯性的束缚，从侧面甚至反面，去重新想象、发现、阐释我们的生活。客观来说，优质的、具有原创性的想象力，在我们今天的诗歌写作中并没有展开得特别充分。在此意义上，喻言诗歌所提供的"想象力火花"，会显得格外宝贵。

是为序。

2021 年 6 月 15 日

目录

第一辑　我给天空动手术

我赶着一群石头上山　　003

徒　劳　　005

我的历史观察　　006

夏夜，躺在童年的山坡上　　007

我们无力阻挡黑夜来临　　008

我给天空动手术　　009

天空是一块巨大的墓地　　010

无意中，我建起一个宇宙　　011

四季歌　　012

云上的日子　　013

植物在春天举起义旗　　015

没有一株青草喊疼　016

大地没我们想象那样踏实　017

天空是一顶帽子　018

我的床上藏着一群野马　019

我看见山峦在漂泊　021

傍晚，走过油菜花田　023

我想与一匹马说说话　024

我在山中养着一群石头　026

外星人为何至今没入侵地球？　028

向植物学习　030

第二辑　有多少人站在黑暗中的阳台抽烟

我正率领整个天空前行　033

坐待日落　034

有多少人站在黑暗中的阳台抽烟　036

每天晚上我都把自己枪决　038

勇敢的心　039

天塌下来　040

喊　041

我去山中召开秘密会议　042

中年男人的睡梦会暂停　044

每个人最后就剩一把骨头　046

有那么一刻，全世界只有我醒着　048

我与这个世界相距甚远　050

我曾经是个愤怒的人　052

我曾为世界彻夜不眠　053

这一天，我不配写诗　054

我要在春风中洗一场大澡　055

风穿过树林　057

我一直误会了与这个世界的关系　058

越狱犯　060

远　行　061

藐　视　062

放下武器　063

握　手　064

感　悟　065

脸　谱　066

理发记　068

气　味　070

镜　子　072

第三辑　所有的河流都在奔命

我们都是皇帝的亲戚　075

切洋葱　077

思想者没有头发　079

仰望星空的人　080

井底蛙　081

香　烟　082

未见证的死亡就不是死亡　083

一群蚂蚁抢劫一颗饭粒　085

垃圾桶　087

向您学习　088

天下乌鸦一般黑　089

创　业　090

有人在月光下磨刀　092

有一个人　094

我是一个好人　096

所有的河流都在奔命　097

微　笑　099

悲伤的嗅觉　101

称　呼　102

演讲家希特勒　104

我的父亲与众不同　106

乞　丐　108

瞎　子　110

谈人生　112

大　嫂　114

二　哥　116

演讲家　118

微信群　120

出租亲人　122

厨　师　124

第四辑　一群表情严肃的人从我楼下走过

大雁塔　129

空　气　130

火　柴　132

真　相　133

扔石头　134

春　雷　135

空山新雨后　136

罪　恶　137

雕　像　138

鞠　躬　139

万古愁　140

一群表情严肃的人从我楼下走过　141

感谢快递　143

蘑　菇　145

催　眠　147

春　日　149

秋天来了　150

我用打火机烤熟一条鱼　152

这个国家是我虚构的　153

1980 年代的爱情　155

第五辑　一只蚂蚁正跨越泰晤士河

午　餐　159

落　日　161

我正粗暴地进入资本主义　162

告别伦敦　165

一只蚂蚁正跨越泰晤士河　167

有的时候，我可能是另外一个人　169

一只海鸥　171

爱丁堡　173

上帝的午餐　175

利斯河　177

杂　萃　180

苏格兰的阳光照耀一个

　　　美食家的灵魂　184

杀死比尔　185

第六辑　机器人时代

机器人时代（组诗）　189

一条鱼的命运及其世界观　198

后　记　207

第一辑　我给天空动手术

我赶着一群石头上山

我赶着一群石头上山
就像牧羊人赶着羊群
云层越堆越厚
天空压得低低的
就快砸着头顶
我接到指令
必须在天黑之前
把这群石头赶上山顶
这群纯洁的石头
像千年积雪一样白
天完全黑下来
我们刚刚走到山腰
我一遍一遍打着呼哨
这群石头再也挪不动脚步
我说：我们反了吧！
话音刚落

这群石头一哄而散

纷纷滚落山脚

2017 年 11 月 28 日

徒　劳

我曾站在山顶

伸直双臂

试图顶住渐渐下垂的苍穹

我知道所有的努力

终将徒劳

我仅仅想

天地闭合间

那最后一抹光亮

保留的时间

更长一点

2021 年 4 月 5 日

我的历史观察

黑夜的山谷

藏着闪电和惊雷

隆冬的腹部

包裹着一团火

冰凉的历史

淹埋着沸腾的热血

沉默的人群

潜伏着以死抗争的决绝

不要轻视那些木讷的面孔

一阵风就可驱走

他们瞳孔上的迷雾

2019 年 12 月 21 日

夏夜，躺在童年的山坡上

星星是天上的萤火虫
萤火虫是地上的星星
我这样说的时候
虫鸣安静下来
天空吐出月亮的舌头

2020 年 3 月 4 日

我们无力阻挡黑夜来临

天空的火焰就要熄灭

不断把黑夜的煤

铲进宇宙的炉膛

一切都是徒劳

我们所有的努力

仅仅溅起

点点星光

2019 年 9 月 8 日

我给天空动手术

又是阴云密布的夜晚
我给天空做剖腹产
从云层的缝隙处
取出一枚
瓜熟蒂落的圆月

此刻，如果你抬头
明月正好照在你脸上

2021 年 3 月 19 日

天空是一块巨大的墓地

天空是一块巨大的墓地

大地太挤了

三尺见方的一块墓地

能否安放自由的灵魂

还是把逝者安葬到天上去吧

让炊烟把他们送上高高的云端

送到雨水和阳光的故乡

那里辽阔明亮

没有蛇鼠惊扰

没有重金属渗透

没有风裹挟着谎言和欺骗

在那里，可以安眠一万年

留在地上的亲人们，把每一次抬头仰望

都当作一场祭奠

2016 年 9 月 23 日

无意中，我建起一个宇宙

对着夜空打一个喷嚏
喷出了满天星辰
然后，我做了一个
长长的深呼吸
月亮缓缓升起

2020 年 4 月 4 日

四季歌

秋风洒下毒药，万物离死不远

曾经背叛丝麻的身体

沦为棉花的仆人

更深的季节，动物的毛皮

已竖起招降纳叛的大旗

挣脱羽毛的小鸟

在七月的海滩

引发太平洋一场海啸

而春天，让汗毛自然弯曲的春天

徘徊在梦境深处

等待死去的

复活

2016 年 9 月 21 日

云上的日子

生活在云上的
每个人看上去
都像一首诗
从地面仰望他们
离天很近
云朵柔软，踩上去
很虚无

太阳出来的时候
把云烤得很吉祥
云上的人皮肤发烫
内心恐慌
怕云被烤化
从天上掉下去

天黑下来，很冷
扯过一层又一层的云絮

盖在身上
依然浑身战栗
地面的人想象他们
此刻，正枕着云朵
伸手从夜幕上
摘下一颗颗星星

云被风吹得在空中
四处漂泊
每一朵云
都像一团废弃的稿纸
云上的人拎着酒瓶
号称正骑着白云
巡视世界各地

有时，云上的人
也会从云中探出头
向下观望
并不是探测人间的讯息
他们在估量
离哪座山头更近
跳下去
会不会摔死

2021 年 4 月 13 日

植物在春天举起义旗

一夜之间
它们就攻占了墙边与山脚
从泥土中伸出尖锐的刺
在树干上亮出锋利的刀锋
沿河岸扎下绿色的营寨
风中摇曳的花朵
是插在它们队列中的一面面旗帜

我果断推开窗子
举起双手
成为这个春天
第一批俘虏

2021 年 3 月 3 日

没有一株青草喊疼

春风的顺民匍匐大地

柔软的身体如此安宁

太阳刚刚升起

残留叶尖的泪滴

已渺无踪影

此刻，我抬脚走过草坪

草叶像波浪一样分开

露出泥土的颜色

2020 年 5 月 21 日

大地没我们想象那样踏实

大地是轻浮的

在几大洋上漂来漂去

有时它们漂在一起

一望无垠

有时它们又分散开

成为一座座孤岛

我们每个人都是鲁滨逊

没有我们

大地就会漂浮起来

浮到白云之上

每个人都是一枚图钉

把大地钉在地图上

维护世界和平

2020 年 9 月 12 日

天空是一顶帽子

天空是一顶帽子

扣在我头上

我摇晃脑袋

天空也跟着摇晃

当然，这是我将头

伸出窗户的时候

当我将头从窗口缩回房间

这顶巨大的帽子

被卡在窗外

2020 年 9 月 12 日

我的床上藏着一群野马

夜深人静，它们从被子

褶皱的山谷跑出来

在我胸膛奔腾

在我耳畔嘶鸣

有时，它们会在我腹部停下来

打着滚，相互嬉戏

它们还会沿着大腿

啃食我浓密的体毛

这群彻夜不眠的野马

让我安静地躺着

不敢翻身

不敢咳嗽

不敢呓语

不敢大声呼吸

甚至让我紧闭的双眼

也不敢偷偷隙一条缝

我知道，任何轻微的响动

都可能让它们

从此消失

渺无踪影

2020 年 4 月 1 日

我看见山峦在漂泊

我看见山峦驶出云海
看见他劈开阳光和风
露出岩石的脸
以及腮边绿色的胡须
我听见山峦的心跳和呼吸
猛兽沉重的脚步和雀鸟的嘶鸣
沧桑的额际爬满岁月的疤痕
瀑布的泪迹悬挂崖壁
那些苍老的山峦
那些悲壮的山峦
那些被风磨去轮廓的山峦
那些被烈日炙烤得脆弱的山峦
那些坚挺着插向天空的山峦
那些正在哀伤中死去的山峦
我看见所有的山峦都在漂泊
就像每个人都无法
逃脱的命运

绝望的驼群
蜷伏在星球的背上
在茫茫宇宙中
跟跄前行

2020 年 3 月 18 日

傍晚，走过油菜花田

金灿灿的油菜花
让人沉迷
这个春天，太多的悲情
让我忽略了身边的美好
只是她们短暂的绽放
预示着永恒的凋零
榨油坊的残渣余孽
想象不敢深入
其实，此刻，空气中
飘荡着二氧化硫的气息
而在看不到的
泥土下面
暴动的蚯蚓
正在集结

2020 年 3 月 5 日

我想与一匹马说说话

想站在马厩边
鼻子里塞满草料的气息

想牵起缰绳
内心翻腾轻盈的马蹄

想看见它一边低头啃着青草
一边摇摆着尾巴

想一边抚着它的鬃毛
一边对着它耳朵
低声轻语

从巨大的落地窗望出去
城市有无数条马路
却没有一匹马

我禁不住仰头

发出一声长长的嘶鸣

2019 年 9 月 11 日

我在山中养着一群石头

这些群山的宠物
我把它们放养在群山中
采几片阳光，扯几把风
就把它们喂养

这些沉默的孩子
我只有偶尔在梦中
听见它们说话
"恨吧，让我们变得坚韧！"
"爱吧，我们会越来越强大！"

这些被世界遗弃的孤儿
有一些夭折，被时间风化
有一些带着伤痕长大
它们长得像山一样高大
与群山融为一体

我已衰老
在梦中找不到它们
我逃离城市来到山中
大声呼喊
听见它们的回应
来自群山的各个方向

2017 年 12 月 16 日

外星人为何至今没入侵地球？

外星人以金属为主食

他们脆弱的肠胃

无法消化碳水化合物

特别是脂肪和蛋白质

对于他们，简直是剧毒

他们偶尔潜进大气层

偷猎几架飞机

就像人类钻进森林

偷猎几只美味的飞禽

他们像吃河豚一样

小心翼翼剖开机舱

把那些青春靓丽的空姐

完好无损地移进实验室

他们用巨型铡刀

狠狠地剁下机头

连同里面的机长和飞行员

一起深埋，他们眼中

这些油腻的中年雄性生物

具有强烈的腐蚀性

做完这一切，他们开始啃食美味的合金

他们中有些缺乏教养的家伙

把没有啃食干净的残骸扔回地球

人类经常在地球荒芜的区域

发现这些失踪飞机的遗迹

那些被关进实验室的美丽女性

被抽取血液、提取细胞

多年过去了，他们依然没有找到

克制脂肪和蛋白质的有效方法

他们不知道地球上的生物

往往越美丽越有毒

他们其实应先易后难

从那些被深埋的雄性入手

他们路径选择的错误

让地球至今安然无恙

人类依然沉迷于尔虞我诈的游戏

对来自外太空的威胁浑然不觉

嘘，如果你读到这里

请不要将这首诗向宇宙扩散

为了全人类和你亲人的安全

请你尽快将它遗忘

2017 年 11 月 11 日

向植物学习

我向植物学习一门外语
学会用词语刺激花蕊
让春天提前
学会用体气发布警告
迷惑天敌

某夜，月光下
我在花园
用植物的语言
发表一场演讲
人间毫无反应
昆虫界持续震惊

2021 年 4 月 13 日

第二辑　有多少人站在黑暗中的阳台抽烟

我正率领整个天空前行

行驶在空旷的高速路上

后视镜中

一群白云

追随车后

咬了咬舌头

明白这是幻觉

事实上我太渺小

怎么逃

也逃不脱白云的笼罩

但在这条路上

继续开下去

不知不觉中

我将信以为真

我正率领整个天空

向前飞驰

2020 年 9 月 24 日

坐待日落

在窗前看落日

足足十分钟

它依然停留在对面楼顶

明晃晃的光

依然刺痛我眼睛

有些按捺不住

有些迫不及待

我比出枪的手势

连开三枪

它晃了晃

并没下坠

我明白，我的努力

并不能加速

唯有时间，它无力抵抗

我搬来椅子，泡上茶

平心静气

我知道，它从对面楼顶坠落后

还将出现在别的楼顶

最终消失在远处的山后

这是个漫长的过程

即使跌落山后

依然会有余晖照亮天边

我不慌不忙

坐在窗前

喝着茶

耐心等候

2020 年 9 月 13 日

有多少人站在黑暗中的阳台抽烟

站在阳台抽烟

无边黑暗中

鼾声和咳嗽声

分外清晰

天地间环绕着一种巨大的孤独

突然发现

对面阳台上亮起

一点暗红色微光

我举着烟头晃了晃

对方也回应着晃了晃

适应黑暗的视力看见

越来越多的暗红色烟头

从黑暗深处——涌现

这个过程像夏夜仰望苍穹

无数的星星从宇宙深处

一颗颗涌进我们瞳孔

抽完一支

又点燃一支
我看见黑暗中
抽烟者队伍正在壮大
这些默契的同谋者
站在尘世不同的点位
举着微弱的光
在黑夜里
忽闪忽闪

2020 年 10 月 6 日

每天晚上我都把自己枪决

每天晚上

我都比出枪的手势

对准太阳穴

连开三枪

轰然倒下

安然入眠

第一枪代表我自己

这个懦夫，在这个世上

苟活多年

第二枪代表人民

我是他们中不洁的部分

第三枪代表上帝

我的存在

对他

是一种威胁

2019 年 8 月 24 日

勇敢的心

向天空扔石头

却砸坏自家屋顶

一生的敌人

都强大不可战胜

所有的抗争

受伤的总是最亲近的人

有时想低头

只是手中的石头

攥得更紧

2020 年 3 月 4 日

天塌下来

乌云下垂
天快塌下来
有人呼天抢地
发出绝望的号啕
有人如丧考妣
不知所措
后来，天
真的塌下来
砸在脚边
云摔成一块块碎片
我仍站着
完好无损

2021 年 2 月 10 日

喊

我大喊一声

隔了一会儿

又喊一声

接着再喊一声

这样

一声接一声

喊

一声比一声

用力

一声比一声

响亮

我没喊醒别人

却喊着

让自己

从梦中站起

2017 年 10 月 21 日

我去山中召开秘密会议

有时候，我会走进

群山环抱的地方

坐在一块老得

看不出年龄的石头上

与群山聊天

群山很高

声音很低

但，他们全都听见

一直是我在讲

他们安静听着

偶然会微微点头

带动风

那些树也微微点头

树只是假装听懂

我的话，只有那些

经历岁月捶打的老骨头

才能真正明白

我喜欢这样的氛围

这种毫无争辩的小型会议

最终让我带着愉悦的心情离去

不久之后

会有山崩、会有泥石流

所有痕迹都会消除

2021 年 3 月 21 日

中年男人的睡梦会暂停

有时，我会从梦中惊醒
走出卧室
坐到客厅沙发上
点一根烟
望着黑沉沉的窗外
什么也不想
抽完一支烟
回到床上
重新入梦

我知道，在中国
有许多如我一样的中年男人
都会在半夜惊醒
有的去客厅抽支烟
有的什么也不做
面对窗外黑沉沉的夜色

他们如同我一样

脑子里一片空白

2021 年 4 月 16 日

每个人最后就剩一把骨头

我这个年纪

经历过无数次临终告别

所有人走到最后

气若游丝

只剩一把骨头

时光仿佛一柄剔刀

一点点削去我们的血肉

几十年漫长过程

感觉不到痛

肌肉和脂肪，间或膨胀的假象

更让我们毫无察觉

人的一生真正拥有的

就是最后这把骨头

有的早已酥软如泥

被血肉肌肤强自撑着

有的坚如金石

即使气血干枯

时光的刀锋也豁出缺口
我从不轻易臧否人物
凡人的眼光无法透视
也许，只有在生命终结时刻
在他最后剩下的骨头上
才能找到我们尊崇的刻度

2021 年 4 月 20 日

有那么一刻，全世界只有我醒着

有那么一刻
好人和坏人都睡着了
整个世界
只有我醒着
我是爬在时间轴线上
黑白分界处
唯一的生物
我知道，这个时刻
专一属于我
让我从喧嚣中拔出自己
从混沌归于纯净
我不贪心
不独霸时间
不让这一刻无限绵延
我只专享这一点点
微不足道的一点点
就像浩渺大海中的一滴水

我只取这一滴

仅这一滴

就足够将整个生命浇灌

从枯萎中焕发生机

就足够让我等到天明

好人和坏人都一起醒来

让我冷眼旁观

他们再次把世界搞乱

2018 年 11 月 28 日

我与这个世界相距甚远

少年时，分不清左右
一声号令后
我常常站在队伍的对面
与人群背道而驰
多年过去了，才知道
我与理所当然的这个世界
相距甚远
青年时我已习惯冷眼旁观
站在事物的外面
看见你们所看不见的一切
我所遭受的挫伤
仅仅源于把不屑摆在脸上
如今，我早学会庸常
一脸谦虚的微笑
满嘴敦厚地胡说
活得像所有的行尸走肉

只有自己知道，我的内心

插着一把刀

2020 年 8 月 4 日

我曾经是个愤怒的人

曾经，我的身体

被愤怒充满

像一只胀鼓鼓的轮子

辗过人世间的不平和沟壑

如今，早已被扎得千疮百孔

像所有洞明世事的达者

我的余生

躲在南山的阴影里

用菊花和茶汤

将伤口慢慢修补

2020 年 7 月 14 日

我曾为世界彻夜不眠

暴雨没有如约而至

滔天的洪水

崩溃的河堤

被冲毁的村庄

被浸泡的城市

以及挂在树枝上的那只猫

以及站在屋面上挥舞短衫求救的那个人

都胎死在剧本中

造了一夜的方舟

像一条饿扁的狗

蜷缩在墙角

目前只有它，可以证明

我曾为这个世界

忧心如焚

彻夜不眠

2020 年 6 月 27 日

这一天，我不配写诗

这一天
无数人写诗
两千多年
未留下一行

这一天
一个诗人跳江
两千多年
未增加成双

我已多年
不在这一天
写诗
没有纵身一跃的勇气
写出的文字
都没有骨头

2020 年 6 月 24 日（农历端午）

我要在春风中洗一场大澡

我要在春风中洗一场大澡

让春风的柔指搓去岁月淤积的污垢

还我婴儿的肌肤

城市已没有郊区

世界没剩下一片安静的小树林

山野里人满为患

簇拥的人头比田野的庄稼还要密集

我只能爬上城市的屋顶

脱掉一层层衣物

毫无遮拦暴露在天空下

午后的阳光烤得皮肤发烫

汗毛微微弯曲

我要将这层皮也扒掉

露出封藏多年的骨头、血管和心脏

阳光一遍遍杀毒

春风一阵阵吹拂

让那肉里的龌龊、骨头上的霉斑、心中的阴影

都在春光中消散
我还没来得及舒展身体
四周楼群的窗玻璃贴满一双双惊恐的眼睛
一刻钟以后
一群警察气喘吁吁冲上了楼顶
以流氓罪逮捕
一具赤裸裸的身体

2017 年 4 月 3 日

风穿过树林

天空黑下来的时候

风穿过树林

挺拔的树干弯曲了脊梁

我昂首从林边走过

向每一棵树挥手致意

树叶发出哗哗的响声

像激动的人群鼓起双掌

我沿着树林漫长的边沿

向河岸走去

一边不停挥手

一边享受此起彼伏的掌声

就像一位走向历史渡口的大人物

我并不知道，此时此刻

树林深处，有无数的枪孔

正瞄准我的心窝和头颅

2020 年 5 月 21 日

我一直误会了与这个世界的关系

去过世界上许多城市

所有城市都似曾相识

走在那些古老的街道上

一切都让我感到亲切

恍然间，我觉得

每座城市，都有一间房子属于我

每条街道，都有一些人与我相识

这种迷幻的错觉，让我在这个世界流连忘返

从东半球到西半球

从北半球至南半球

五十多年过去了，脚步从未停歇

只有午夜梦回，才会瞬间清醒

这个世界其实与我没有太多关系

我那少得可怜的亲人和朋友

散落在有限的几座城市

而我栖身的房子
只有短短几十年租期

2020 年 5 月 14 日

越狱犯

我把自己关在身体里

几十年

循规蹈矩

温良敦厚

像个正人君子

只有我自己知道

夜深人静

我会偷偷

从皮肤里钻出来

作奸犯科

杀人越货

白天想干而没敢干的事

全都干一遍

天亮之前

再钻回去

2020 年 5 月 7 日

远　行

十年前

开车出门

去看雪山、草甸

看夕阳在沙漠中栖落

十年后

依然开着车

在城市的环路上绕行

城市太大

大得我至今

未找到出路

2020 年 1 月 20 日

藐 视

当我观察昆虫的时候
一定有谁像我
观察昆虫一样观察我
它的上面
也有另外的生命
如它观察我一样观察它
被我观察的昆虫
同样在观察
更加微小的生物

浩渺宇宙，每一个生命
都微不足道
我从不藐视那些微小的事物
我只藐视我的同类
准确讲，他们中的一部分
枉称为"人"的家伙

2018 年 10 月 23 日

放下武器

黑洞洞的枪口
对准我眉间
缓缓举起双手
偷偷看向对方
他一脸严肃
二目炯炯有神
他说：放下武器
我疑惑地望望
手中举着的刀叉
再低头看看盘中
尚未被肢解的脆皮乳鸽
轻轻地把刀叉搁在桌上
然后举着双手
在一把玩具手枪胁迫下
在一个儿童的注视中
走出自助餐厅

2018 年 10 月 19 日

握　手

打娘胎里，我都攥着拳头
来到这个世上
也绝不松开

对这个世界，我充满警惕
传说中命运的密码
藏在掌心三条纹路中
我不轻易向谁伸手
除非他也伸出来
彼此的秘密都握在
对方的手中

2018 年 6 月 27 日

感　悟

有些人与事

渐渐淡出

我们的视野

多年以后

我们甚至想不起

他们曾在生命中

出现过

古人说，人淡如菊

其实，菊花有余香

而那些无足轻重的人与事

就像一阵风

轻轻掠过

2018 年 5 月 1 日

脸　谱

我口袋里放着
无数张脸谱
根据需要
会掏出一张按在脸上
我认识很多人
但很多人只认识
我众多脸谱中的一张
有时候我与熟悉的人
擦肩而过
我认出他们
他们却没认出我
我暗自得意
有一种天下大势
尽在掌握的感觉
直到某一天
我发现一个熟悉的朋友
也暗藏着好多脸谱

当我与陌生人擦肩而过
就暗自嘀咕：
这个家伙到底是谁？
有没有认出我？

2018 年 1 月 3 日

理发记

头颅到底有多坚硬？

推子发出坦克般的轰鸣

我仅仅希望修剪一下草坪

短一些，再短一些

让岁月揉软的发丝变得坚挺

一根一根耸立，像万千钢针指向天空

盘旋空中的苍蝇俯瞰到青色的岩层

依然无处着陆

风从钢铁的丛林刮过

发丝岿然不动

这样的审美意图

被娘兮兮的理发师完全忽略

他一手拿着剪子，一手拿着推子

像一手拿着美元，一手拿着原子弹

让我低头我就低头

让我抬头我就抬头

他两手之间的距离确定了我自由的量度

镜中的发型在背离我意志的途中

渐行渐远

我用咳嗽、皱眉表达不满

用含蓄的语言提示、纠偏

沉迷于自我美学趣味的理发师

浑然不觉，我行我素

抑制不住的愤怒喷薄欲出

一声大吼提升到喉头

剪子和推子的旅程戛然而止

一把锋刃森寒的刮脸刀

比画在颈动脉的上方

哽在喉头的怒吼

悄然落回肚中

2015 年 9 月 24 日

气　味

女儿皱着小鼻头说

爸爸身上有一股老人味

我努力呼吸，没闻到她说的气味

观镜中，发色青葱、面部饱满

眼镜片后目光依然深邃

足以洞穿世事，足以淡定从容

女儿不经意的话却让我辗转反侧

在俗世挣扎，每天疲于奔命

不知多长时间没审视过自己

从前的眼里闪烁野性的光芒

读得到内心的彪悍和不屈

还有一点点狂暴和野心

时光流逝，星移斗转

我早已被这个世界驯服

向命运举起了双手

年轻而敏感的嗅觉

已闻到我内心的腐朽
只是我却浑然不觉

2016 年 8 月 10 日

镜　子

我的一生都关在一面镜子中

眼光所及，无处可藏

我知道只要轻轻一拳

就可打碎它

从此逃出超生

但我的亲人也在镜中

我的朋友、工作、可爱的宠物也在镜中

还有我的书籍和房间

以及累积起来的一点点虚名

我的一生都被这片薄薄的玻璃绑架

知道它不堪一击

四十多年过去

仍下不了手

2016 年 7 月 25 日

第三辑　所有的河流都在奔命

我们都是皇帝的亲戚

姓刘的当过皇帝

姓李的当过皇帝

姓赵的当过皇帝

姓朱的当过皇帝

姓陈的、姓郭的

姓柴的、姓萧的

姓张的、姓明的

都在局部地区当过皇帝

司马那样的复姓

慕容那样的胡姓

也都当过或长或短的皇帝

皇帝的主要功能就是

雨露遍洒，开枝散叶

如今满天下都是他们的后人

我翻遍古籍、攀凿附会

无论如何，我这个姓

都与皇家搭不上关系

这让我内心有点小小自卑

特别是面对那些皇姓后人

毫无由来感到压力

某一天豁然开朗

我祖母姓李

我母亲姓李

我妻子也姓李

咱们家过去和现在

都不缺皇家的人啊

从此后腰板挺直，底气十足

其实我们都是皇帝的亲戚

2017 年 11 月 17 日

切洋葱

把他身体按住
切成一个又一个圈子
他没有喊疼
我已泪流满面

他全部人生
就是这些圈子
其实他所有的圈子
都是同样的质地
西红柿有西红柿的圈子
南瓜有南瓜的圈子
松茸的小圈子很值钱

我曾经不小心用刀子
切伤过手指
那种钻心的疼痛
让我忍不住大声喊出来

他一声不吭
我不知道
他是否痛得喊不出来

那些圈子也一声不吭
躺在案板上
任人宰割

2015 年 9 月 13 日

思想者没有头发

这个世界突然

就黑下来

这个世界

太黑了

他一夜急白了头发

黑色世界

唯一的白

太醒目

醒目得一根根

往下掉

最后

掉成一只秃头

这只孤独的秃头

把整个黑夜照亮

2019 年 2 月 22 日

仰望星空的人

邻居每晚

准时出现在阳台上

仰首面对夜空

无论星光灿烂

还是月黑风高

从不间断

有人说，仰望星空的人

胸怀大志、内心高洁

与之为邻

我曾暗感荣幸

后来他告诉我

患有严重颈椎病

必须长时间仰头

才能入睡

2020 年 7 月 20 日

井底蛙

有时我想：
做一只井底蛙
挺好
天就这么小一块
水就这么大一洼
我对井底的同类说：
"我们目光所及
就是全部世界！"
关键是
我拥有
滔滔不绝的蝌蚪

2017 年 4 月 23 日

香　烟

两个多年不见的朋友

见面后没说话

第一时间

互相递上一支烟

点上后

躲在各自的烟幕后

仔细观察对方

直到这支烟抽完

他们又互相

递上第二支烟

2020 年 10 月 21 日

未见证的死亡就不是死亡

三年前接到朋友电话
告诉我他患了癌症
他声音平静
就像说另一个人
我也非常平静
就像听他说另一个人

放下电话后
我通宵未眠
用两包烟
给黑色的夜幕
烫穿无数漏光的小孔
我再未与他通过电话
或者短信
我担心电话的另一头
换成一个陌生人

直到前几天

有人告诉我

朋友已在一年前去世

我翻出他的电话号码

迟疑半晌

没有拨过去

我固执地认为

只要不打这个电话

朋友就在电话的另一头

好好地活着

2018 年 10 月 22 日

一群蚂蚁抢劫一颗饭粒

一群蚂蚁打劫了另一群蚂蚁

战胜者护卫着战利品——

一颗被尘土污染的白色饭粒

从落叶的边沿回归树根的洞穴

这些微不足道的昆虫

在我瞳孔中不断放大

直到渺小的躯体

膨胀到人类的量级

这就是一场战争

一次规模庞大的掠夺

一个族群对另一个族群的血腥征伐

随即联合国介入

维和部队增援

谴责和声讨此起彼伏

有的政客一飞冲天

有的政客黯然下台

影响深远

世界格局因此改变

有时，我盯着手机屏幕
读上面的新闻
人类会在我眼中迅速缩小
直到每个人都小如蚂蚁
我突然发现
几乎他们所有的冲突
只不过为了
一颗颗饭粒

2021 年 3 月 5 日

垃圾桶

街道两边
隔一段距离
摆放着一只垃圾桶
夜色中
有人对着垃圾桶呕吐
吐完后擦擦嘴
像一个干净的人
重新上路
我在想，谁把垃圾
倒进这些人腹中
让他们时不时呕吐
下一刻他们倒空的肚子
还会不会重新装满
这些游荡在大街上的人
是否都是一只只
移动垃圾桶

2021 年 4 月 6 日

向您学习

有位大领导

口头禅是"向您学习"

每次与人初见

他都热情握住对方的手

真诚地送上一句

让对方非常感动

我曾在不长的时间段

被他学习五次

也许他见过的人太多

每次都把我当成初识

最后一次

我实在忍不住

说了一句：

您都学习我五次了

这一次，无论如何

我都得向您学习

2020 年 11 月 4 日

天下乌鸦一般黑

他这样说的时候
我发现他的脸变黑了
牙齿也变黑了
只有白色的衣服
依然是白色的
看上去
像一只白毛包裹着的
乌骨鸡

2021 年 3 月 17 日

创　业

他是幸运的
十年前卖掉房子
去创业
十年赚的钱
能够把它买回来

他又是不幸的
十年创业
请人喝掉三百箱茅台
三百箱茅台啊
他惨号一声
每瓶酒都装着他的血

我安慰他
不喝掉三百箱茅台
十年辛苦赚的钱

肯定买不回
当初卖掉的房子

2021 年 4 月 13 日

有人在月光下磨刀

深夜，有人磨刀

大地已在月光中安睡

磨刀声传得很远

有人从梦中惊起

有人躲进被窝

有人停下黑暗中的运动

有人坐在沙发上

斟满一杯酒

有人趴在阳台的栏杆上

点燃一支烟

不知道谁在磨刀

不知道他为什么

在此时磨刀

他磨得非常用力

每一下都非常用力

仿佛不是在石头上

而是在人心上磨

带着奇异的节奏

每一声都尖厉得刺破耳膜

每一声都婉转起伏

那些多年不眠的人

在嚯嚯的磨刀声中

酣然入梦

2021 年 5 月 1 日

有一个人

有一个人
在深山修禅
青灯黄卷
木鱼作伴
寒暑不忌
孜孜不倦几十年

有一个人
在异乡行乞
白日高卧
黄昏出门
饥饱不易
悠哉悠哉几十年

有一个人
高居庙堂
峨冠博带

面如春风
言不由衷
战战兢兢几十年

有一个人
在闹市杀人
白刃进红刃出
手提仇人头
仰天大笑
那一刻，快哉快哉

每个人，我都不认识
我知道他们
确实存在

2020 年 6 月 17 日

我是一个好人

高速路上
我从不超过最高限速
总有人驾着车
像火箭一样
从我车旁飙过
每到此时，我就会祈祷
前面快出现警察
并非心怀恶念
只有这样
才会让他们与上帝
见面的时间
推迟

2020 年 6 月 17 日

所有的河流都在奔命

所有的河流都在奔命
朝着大海的方向
有的越来越壮大
从涓涓细流
汇成浩荡江河
有的势发若虎
一泻千里
被山峦分割
被烈日蒸发
被沼泽羁绊
最终沦为纤纤弱水
有的流着流着
就悄无声息
被大地耗尽

我曾站在三江源头
慨然长叹

尘世中奔命的人群
往往终其一生
也未曾听见大海的涛声

2020 年 5 月 25 日

微　笑

站在大街上

我对所有行人

露出微笑

有人目不斜视

擦肩而过

有人表情狐疑

欲言又止

有人面带嘲讽

嘀咕一声：神经病

有人目露凶光

仿佛生死大仇

要把我脸上的笑容

逼回我的头颅

只有一个孩子回应我

一个更加灿烂的笑容

像一朵鲜花绽放在暗淡的黄昏中

如此纯净

我幽暗的内心陡然一亮
然后陷入深深的惭愧中

2020 年 4 月 24 日

悲伤的嗅觉

走在熙熙攘攘的人流中
充斥我鼻孔的是
汽车的尾气
行道树上的花香
路边小摊食物与烟火
混杂的气味
风中尘土的气息
以及飘散在空中
高贵的、劣质的
淡雅的、浓烈的
不同品位的香水味
吸了吸鼻子
缤纷杂存的各种气味中
我唯独没有嗅到
人的气息

2020 年 4 月 5 日

称　呼

菜市场卖肉的老朱

多年来一直被

叫作"胖子"

连他姓什么

都没几人记得

自从猪肉涨价后

人们对他的称呼

已经从"老朱"

"朱哥"

"朱师傅"

一路飙升到

"朱老板"

"朱老大"

这些不断更新的名字

经常让这个案板后的

油腻中年男人
半天反应不过来

2019 年 10 月 13 日

演讲家希特勒

刚开始的时候，他像

一位邻家大哥，娓娓道来

不知不觉，听众的情绪

被引入既定的路径

他站起来

向后猛甩一片瓦的发型

两眼像刚充完电的灯泡一样明亮

拔高了的声音变得像一枚枚重锤

猛烈撞击他们的心扉

说到后来，声音更加高亢

语速更加快捷

双手握着拳头不停挥舞

他声嘶力竭

每一句话都像一枚炮弹

在他们内心开花、爆炸

上百万人与他一起嘶吼

上千万人跟着他挥舞拳头

1930 年代，在德国，每个家庭
都配备了一台收音机
二十四小时，他们都能收听
阿道夫·希特勒的演讲
这个奥地利乡村鞋匠的儿子
用语言点燃了整个德意志人民内心的火焰
他们每攻占一座城市
首先占领这座城市的广播电台
然后给占领区人民两耳
灌满希特勒的声音
所有的独裁者都明白
枪炮和坦克可以摧毁军事防线
语言却能攻克每个人内心的堡垒

直到今天，我依然提醒困境中的青年
小心那些大言不惭的演讲者
语言，有时附着一种邪恶的魔力

2019 年 8 月 19 日

我的父亲与众不同

在我少年时居住的街坊

几乎所有的父亲都迷信

"黄荆棍下出好人"这句教条

只是他们找不到

黄荆棍这样雅致的物什

就用扁担代替它

其中有位父亲

把儿子吊在屋梁上

抽断三根扁担

为此他自豪了多年

每次酒后都要向人炫耀

直到他儿子用扁担

砸断一个人的腿

被送进看守所

父亲是个寡言的人

每当别人的父亲用扁担

教育别人的儿子

父亲就用大手摩挲着我的头
我知道，这时候
父亲一定有话要对我说
但他却从来没有说出口
只有一次父亲动用了扁担
有个比我大十岁的家伙
用砖头在我头上开了个洞
父亲抄起扁担撵了他三条街

2019 年 6 月 16 日

乞 丐

我家附近有个乞丐
每天路过
我都给他一枚硬币
刚开始的时候
他大声说谢谢
后来声音越来越小
最后只看见他
若有若无地点头
有一天，我突然
停止给硬币
他脸上露出失望的表情
第二天依然没给
他脸上失望夹杂隐隐的怒意
第三天，我把硬币给了
一个新来的乞丐

身后传来他愤怒的咆哮

"混蛋！那是我的！"

2019 年 5 月 23 日

瞎　子

他只是有一点洁癖
戴上墨镜，仅仅因为
不想将人间
看得太清晰

那一夜，他在郊外
拉了一夜二胡
凄凉的旋律
让月亮流下眼泪

那一夜，他把自己
哭成一个瞎子
他站起来，用一根竹竿
向前探出去

刚好与世界保持
一根竹竿的距离

2019 年 5 月 17 日

谈人生

一位年长的大哥

酒后喜欢谈人生

他说，人生就是王八蛋

这是他的论点，也是他的论据

他先把酒杯端起来说

然后放下酒杯继续说

说完之后站起来

先是站在地上

然后站在椅子上

最后用葛优瘫的姿势

把身体摆放在沙发上

我们知道，所有的形式

都是为了进一步强调他的观点

以后的酒局中，当他端起酒杯

准备再次谈人生的时候

我们异口同声抢先说道：

"人生就是王八蛋！"

2016 年 9 月 15 日

大　嫂

每次与形单影孤的大哥喝酒

兄弟们都要安排一位女宾

作为临时大嫂

我们一起纷纷举杯

祝大哥大嫂举案齐眉、白头到老

大哥核桃般的老脸

笑得像一个晚婚的新郎

每次酒局刚到一半

大哥就要喝高

每到此时

大嫂都要站起来挡酒

气场更像一位真正的大嫂

大嫂们都是海量

来者不拒

喝到最后，兄弟们往往落荒而逃

一次酒局的第二天

我与头晚的大嫂不期而遇

她正挽着一个中年男人，笑靥如花

在看见我最初一瞬

眼中闪过一阵惊慌

像一个被抓现行的偷情者

很快又就镇定下来

仿佛从不认识我，目不斜视

与我擦肩而过

2016 年 9 月 15 日

二　哥

每一场酒局，被称为二哥的人
其实比较尴尬
全场中，他一定年龄最大
但大家都喊他二哥
江湖上大哥这个称呼
与岁月无关
二哥一般比较低调
从不主动出击
也从不拒绝别人的主动
二哥喝酒有自己的节奏
不紧不慢，不被别人打乱
当所有的人开始豪言壮语
只有二哥保持从容淡定
当所有的人开始胡言乱语
二哥最多飙一句：
"老子喝过的酒比你们喝过的水还多！"
在座的人中，最尊重二哥的一定是大哥

酒过三巡后，大哥首先给二哥敬酒
那一刻，大哥特别有大哥的风度
那一刻，二哥也特别有二哥的气质
我有时想，大哥的风度
是在别的酒局中做二哥练出来的
而二哥的气质
是在别的酒局中做大哥熏陶出来的

2016 年 9 月 16 日

演讲家

我的朋友老吴平时寡言
酒后热爱演讲
先讲宇宙洪荒
再谈国际形势
接着批评国内时政
最后臧否身边人物
老吴个头矮小
演讲时一边挥舞手臂
一边身体不停往上蹦
激烈处，一定登高
有时椅子上，有时桌子上
最高的一次
爬上一根废弃的烟囱
所有的人都吓出一身冷汗
立刻打了 119
喊了消防队才把他抢下来
后来老吴再演讲的时候

所有的朋友都按住他的肩头说：
"坐着讲、坐着讲！"
对此，老吴很不满意
他一字一顿地强调：
你 们 必 须 认 真 听！

2016 年 9 月 16 日

微信群

常常在微信群看见

两个印象中温文尔雅的人

面露狰狞，恶语相向

事实上他们争论的话题

与他们生活无关

他们往往站在国家的高度

发表完全相逆的战略意图

甚至代表不同的大国

对世界指手画脚

他们都认为自己掌握了宇宙真理

谁也说不服谁

只好用破口大骂

做最后的努力

作为旁观者，我暗自猜测

如果此刻他们掌握了原子弹发射按钮

他们的愤怒指数

足以将地球毁灭

如果此刻他们面对面

一定拔刀相向，血溅当场

有次我忐忑不安

将群里两个长期针锋相对的家伙

邀约到同一个饭局

结果他们彬彬有礼

谈起房价、健康

以及子女教育问题

相互钦佩，一团和气

我有点庆幸又有点失望

只是，在第二天的微信群中

因为美军轰炸叙利亚

他们又互相指责对方智商归零

2018 年 4 月 20 日

出租亲人

没错，就是出租亲人

这座城市太多孤独的人

月亮出来的时候

我听见一声接一声的狼嚎

孤独的灵魂被时间的刀锋

切得七零八碎

我感觉到他们无以名状的痛

我要出租亲人给他们

让他们感受这个世界的温暖

找一对陌生的老人给他们当父母

找一个可爱的小女孩给他们作女儿

还有不同年龄段的男男女女

供他们选择，当作他们的兄弟姐妹

还有农村的大舅二舅

还有市井中的七大姑八大姨

我让他们像一个真正的大家庭一样

相敬如宾，和睦相处

当然，一切都是生意
所有的服务都需要收费

2016 年 8 月 9 日

厨　师

一个考究的厨师

如同有洁癖的政治家

绝不会让双手沾上血腥

甚至他的眼睛也看不得

那些家禽和鱼类死亡前的挣扎

他的耳朵也听不得

那些生命最后的哀号

他坐在厨房最高的位置上

气质更像一支乐队的指挥

他指挥墩子们把血肉

切成需要的形状

指点徒弟们用火、调味、颠勺

一切都有条不紊

一切都张弛有度

最后，菜肴装盘

摆成青花瓷上活色生香的艺术

他满意地点点头

高高的帽子和雪白的制服上
一尘不染

2015 年 10 月 30 日

第四辑　一群表情严肃的人从我楼下走过

大雁塔

有人告诉我
作为一个诗人到西安
可以不去临潼看兵马俑
可以不去骊山泡温泉
可以不去扶风拜舍利子
但一定要去大雁塔
有两位诗人去大雁塔
为它写了诗
出了大名
我说，不去了
我再写首诗
会把大雁塔
压垮

2018 年 6 月 25 日

空　气

空气像一块尖锐的玻璃

透明的危险，往往视而不见

细菌、病毒、霾……

一切肉眼看不到的物质

混迹在阳光和氧气中间

装扮成平民的恐怖分子

悄无声息侵入呼吸道

对肺叶发动闪电战

潜入血液，抵达体内每一个角落

把基因组织发展为基地组织

把每一个细胞都演变成肉体炸弹

让每一片黏膜千疮百孔

让每一根神经命悬一线

我们全部的抵抗就是屏住呼吸

不得开声吐气，大声喧哗

或者戴上口罩，重重叠叠的棉布

就像一层层审查机构
内心的愤怒被重重过滤
变成一声长长的喘息

2015 年 11 月 17 日

火　柴

满满一盒火柴

隔一会儿取一根

点燃一支香烟

天还没黑

盒子就空了

这个过程就像

从一座关满犯人的牢房

每天抓个出来砍头

还没到秋后

整座牢房就空了

2020 年 10 月 21 日

真　相

我们看见
某人某日在河边钓鱼
但，真相是——
几条无聊得吐着水泡的鱼
用钓钩、钓线、钓竿
把这个人
钓在河岸上
整整一天

2021 年 3 月 5 日

扔石头

梁山有条好汉扔石头

能把敌人

从马上打下来

我的邻居扔石头

能把敌国的卫星

从天上打下来

我生平扔过两次石头

只想打下一只

停在树上的鸟儿

一次砸坏了

邻居的玻璃窗

一次石头从树干反弹回来

砸破我的头

2021 年 4 月 13 日

春　雷

春雷是执拗的
你听！它正从天边滚滚而来
碾过山峰、碾过平原
碾过深渊与河流
从城市的一栋栋建筑碾过
从树梢上碾过
从密集人群的头顶碾过
穿透小区的围墙
穿透紧闭的门窗
穿透耳膜
在身体里炸响
我的内心
升腾起一朵蘑菇云

2021 年 4 月 21 日

空山新雨后

草是洁净的

树是洁净的

石头是洁净的

流泉是洁净的

钻进草丛的兔子是洁净的

爬出树缝的昆虫是洁净的

石头上蹲着的豹子

露出的牙齿是洁净的

那座失了烟火的破庙中

神仙是洁净的

阳光下，晾晒着的一声声鸟鸣是洁净的

黄泥山径上

没有一丝尘世的痕迹

心怀杂念的我

不忍踏上一只脚

2020 年 7 月 19 日

罪　恶

掐掉一朵花
如同掐断春天纤细的脖子
想想这一生
你那双手
无意中
让多少春天夭折

2020 年 3 月 4 日

雕　像

除了能行走

我们与这群石头有什么不同

他们的腰身比我们

更挺拔

他们的爱恨都在他们脸上

清晰表达

我们藏在内心的话

他们早已说出

他们的沉默比我们

更有力量

落日余晖给他们投下

巨大的影子

我们笼罩在阴影中

显得如此矮小

2019 年 12 月 20 日

鞠　躬

我曾朝一条河
弯下腰身
我曾朝夕阳下一河碎金
弯下腰身
我曾朝一河迷离的晨雾
弯下腰身
我不是与逝去的旧时光作别
也不是向感叹时光如流水的先贤致敬
更不相信曼妙的山水自有神灵
我的每一次弯腰
仅仅是为了
清濯足上的淤泥

2019 年 12 月 19 日

万古愁

有多少座桥
就有多少个废弃的渡口

我看见一个载重车司机
从车舱伸出头
一口唾沫
飞到一个操舟者脸上

我的哀伤是一个失业者的哀伤
黄昏的古渡口
打劫为生的人
迷失了前途

2019 年 10 月 30 日

一群表情严肃的人从我楼下走过

一群人从楼下的街道走过
一言不发，面色凝重
我斜靠在六层楼窗口
听得见他们脚步沉重
这些年，几乎每个黄昏
都有一群表情严肃的人
从楼下的街上走过
我不知道他们从哪里来
也不知道他们会去哪里
每个人都面色凝重，嘴唇紧闭
仿佛要去参加秘密集会
或者刚刚结束秘密集会
我从高处望下去
他们的身影被落日
拉得又细又长
这些年，几乎每个黄昏
我都斜靠在窗口

望着一群人由远及近

我的表情也渐渐变得严肃

2018 年 7 月 4 日

感谢快递

昨夜梦见与上帝开会

严肃批评他

最近人间太乱

他应对此负责

醒来后满心惶恐

担心被跨界抓捕

辗转反侧到天明

一阵敲门声传来

我一跃而起

一条腿已跨上窗台

只是三层楼的高度

让另一条腿有点纠结

就在此刻，门外突然传来

一个年轻的声音

"快——递——"

一瞬间泪奔，顿时觉得人世间

最美好的不过这两个汉字

我相信，从此后

我都将对这个行业充满感激

2019 年 7 月 11 日

蘑 菇

这个季节太多的蘑菇拱出泥土

这些长脚的小精灵

从山野里、从森林里跑出来

跋山涉水跑进城里

跑过大街小巷

跑进我的房间

爬上我的餐桌

跳进汤钵、爬进盘子

然后安静地躺下

它们身体散发的香气

我无法拒绝

我知道尘世中一切美好事物

都带着一点点毒素

它们会让味蕾绽放

毛孔炸开

在咀嚼和吞咽中

生命的闸门裂开一条小小的缝隙

生命的泉水就这样缓缓流逝
慢慢枯竭
那时候我也会安静地躺下来
就像它们现在这样
躺在盘子里
一动不动

2018 年 6 月 15 日

催　眠

惊恐不安的人
兴奋难抑的人
幸福满怀的人
彻夜不眠的人
都被集中一起
催眠师掏出一只古典的怀表
拎着黄金链条
表盘轻轻摆动
"安静下来，盯着这只表
你们很快就有一个好梦"
他平缓而温和的声音
带着一股特殊的魔力

第二天醒来
太阳刚刚跃出地平线
我们彼此打量

发现每个人

都躺在一只火药桶上

2017 年 11 月 19 日

春　日

春天是跑马的季节
这样说的时候
脑海里浮现的
不是一望无际的大草原
不是敲碎薄雾的翻飞马蹄
而是清晨大学男生宿舍窗前
晾衣绳上那一条条
湿漉漉的短裤

2018 年 3 月 16 日

秋天来了

秋天来了
是否该为它写首诗
几场雨以后
这样的想法
已经出现多次
看见越来越多的诗人
正忙着为秋天写诗
他们涨红着面孔
像田野上
忙着收获的农夫
我每天奔走在
从城市到郊区的途中
从前的田野
早已被楼群覆盖
那些涨红面孔的农夫
都转移到工地搬砖
不知道动人的诗意

来自哪里

不知道是否仅仅

在想象中感动了自己

只是大家已纷纷动笔

我再不写

会不会脱离群众

我再不写

会不会来不及

秋天已至，冬天还会远吗

这个秋天的下午

坐在微凉的风中

我努力写下

这一行行勉强的文字

2020 年 9 月 15 日

我用打火机烤熟一条鱼

准确讲一条鲫鱼

三四两重的样子

同类中算大个子

先用调料码足一小时

前期工作与别的烤鱼

并无不同

然后点燃打火机

开始烤制

这时，有人提出质疑

鱼还没烤熟，打火机

就会把我手烫熟

我轻蔑地看他一眼

半小时后，烹熟的鱼肉

香气扑鼻

而餐桌上躺着

三十只耗尽燃气的打火机

2020 年 6 月 15 日

这个国家是我虚构的

派一个兄弟去做国王

再派一个兄弟去做丞相

还要派一个兄弟去做将军

如果不再派一个女人去做王后

这个朝廷就凑不齐一桌麻将

如果没有一桌麻将

国王就要微服私访

扰乱江湖

丞相就要琢磨阴谋诡计

排除异己

将军就要开疆拓土

破坏和平

如果派去的女人千娇百媚又出身寒微

很可能是红颜祸水

使得江山飘零

如果派去的女人出身名门工于心计

很可能外戚干政

王权旁落，社稷不稳

对于这个国家

女人是关键元素

必须慎之又慎

至于这个国家为数庞大的人民

我并不担心

在涿州或者横店影视城

随便吼一声

每天一百元的劳务加两餐盒饭

人民必然应者如云

2018 年 12 月 27 日

1980 年代的爱情

1980 年代的爱情很狂野

武装提货是常态

爆炸头、喇叭裤、三五牌香烟

以及可口可乐

都是增加雄性激素分泌的标准配置

灯光昏暗的歌舞厅、人群稠密的电影院

爱情是潜伏在水中的鲨鱼

猝不及防中猛然张口

一手护花，一手提刀

爱情随时喋血街头

消防斧、火药枪，还有亲爱的小弟

以武装押运对抗武装提货

短命的爱情，总是在黑吃黑的过程中夭折

硕果仅存的大嫂，喧嚣的江湖变得沉静

1980 年代，只有诗人的爱情不求自来

他们摆弄语言的迷药

像政客一样老练而沉着
心怀梦想的少女，那一只只迷途的小白兔
就这么撞入他们网中
事了拂衣去
只留下几片残花，一地碎梦

2016 年 2 月 24 日

第五辑　一只蚂蚁正跨越泰晤士河

午　餐

那一年，在剑桥

我与向以鲜、李海洲

从农夫市场买了一堆新鲜食物

穿过熙熙攘攘的人群

在一座教堂的花园

找到一张临时"餐桌"

吃完之后，才发现

这"餐桌"原来是一座平顶坟墓

上面写着死者的名字与生平

三位中国诗人与一位

素昧平生的死老外

无意间

共进午餐

整个过程中

三位站在地上的

与躺在地下的那位

因为语言隔阂

竟无一句交谈

2020 年 9 月 7 日

落　日

草坪上悠闲散步的狗
地铁出口处匆匆的脚步
玻璃房子里面对面喝咖啡的男女
坐在帝国黄昏时光里
享受太阳最后的温度
格林尼治子午线从脚下穿过
我左临东半球右临西半球
一只脚踩着昨天一只脚踩着明天
像一根鱼刺卡在时间的喉管
卡在两个世界之间
我一动也不敢动
只要一转身
夜晚的墨汁就要漫过来
把天空最后的留白浸染

2017 年 2 月 5 日

我正粗暴地进入资本主义

空客砰然坠落爱丁堡机场

橡胶轮胎与水泥跑道摩擦出的噪音刺破耳膜

巨大的惯性让我的身体将保险带绷成一根弦

仿佛要将我从机头射向机尾

洞穿航空寡头的金属外壳

我看见邻座的苏格兰农场主

一张脸涨红得像他圈地运动前的祖宗

没有温柔的前戏

我竟然如此粗暴地进入资本主义

我以多年山寨市场丛林中

磨炼出来的狼一样的眼光

狠狠打量这个老牌资本主义国家

年长色衰的妇人已经停止雌激素分泌

城市发黄的皮肤上长满黑色的霉斑

行色匆匆的路人各安天命

在下一个十字路口分道扬镳

有人左转，步入中世纪的城堡

它们下面，一群群被黑死病剥夺的生命

正准备借尸还魂

有人右转，维多利亚风格的新城更加明媚

一场阴雨过后，阳光短暂地灿烂

一座座尖顶的教堂熠熠生辉

钟声没有如期响起，上帝明智地选择了沉默

花斑奶牛钻进古老的建筑

肥硕的屁股悬挂在屋檐下

在牛门昏暗酒吧喧嚣的重金属旋律中

留着络腮胡的同性恋穿着厚厚的羽绒服

下半身露出两条毛茸茸的大腿

乔治广场没有穿花格裙的高地男人吹响风笛

长头发的吉他手在演唱来自北美的黑人歌谣

王子大街两侧布满随心所欲的酒鬼

拎着酒瓶，露出温和的笑容

去他妈的经济危机

房价暴涨、股票暴跌、失业……

这一切不过是资本家与政客的游戏

他们经历太多，早已无动于衷

苏格兰的天空下散发着威士忌和大麻的气息

所有的灵魂都被放纵

站在亚瑟王座山巅，一眼望到利斯海滨

苏格兰郊外草地上

早已没有白云一样涌荡的羊群

我的背包里装着一把巨大的剪子
计划在资本主义腹地发动一场剪羊毛运动
而此时此刻，毫无警觉的人民如一场冰凉的秋雨
浇灭我内心燃烧的革命火焰

　　　　　　　　　　　　　　2016 年 10 月 18 日

告别伦敦

把伦敦还给女王

还给金发的鲍里斯

还给昨晚在街心公园

找我要烟抽的流浪汉

还给塔桥南岸小街上

所有餐厅和酒吧

还给印度酒店缠头布的门童

还给泰特美术馆门前弹吉他的西班牙人

还给开中餐馆的前香港警察

还给罗素和大卫·休谟

还给跛脚的拜伦和数天鹅的叶芝

以及我女儿刚满七个月的松狮犬

踏上舷梯

不再回头

如同我关上卧室门

把黑夜又湿又重的外套
扔在外面

2019 年 8 月 7 日

一只蚂蚁正跨越泰晤士河

徒步走过伦敦桥

我从泰晤士河南岸

跨到泰晤士河北岸

花了十分钟

有一队蚂蚁

沿着同样的线路

十年前就出发

如今刚刚走到桥的中部

数目庞大的蚁群

在漫长的征程中

不断遭遇意外灾患

有的殉于行人鞋底

有的亡于肆意的风雨

有的被冰雪冻成标本

有的被烈日晒成空壳

有的迷失方向，误入歧途

有的回到原点，不知所终

日渐缩小的队伍
并没改变它们的初衷
哪怕如今只剩下一只
又老又瘦的蚂蚁
当我走过伦敦桥的中部
这个固执的老家伙
正沿着大桥钢铁栏杆的阴影
歪歪斜斜地爬行
没有人注意到它
只有我为它停下脚步
它已透支掉的健康
不会再有下一个十年
这趟发轫于多年前的长途跋涉
注定是一场无法兑现的梦
它所付出的挣扎和努力
如同我们如今所做的一切
为此，我伸出指头
想带它走完剩下的旅程
它却毫不领情
只在我指头上打了个转
就一跃而下
回归自己的道路

2019 年 7 月 27 日

有的时候，我可能是另外一个人

比如此刻，沿泰晤士河边

被一条巨大的松狮犬牵引着

在塔桥与伦敦桥之间

一边奔跑一边大呼小叫

比如穿西服打领带

拎着公文包，春风满面

从一座写字楼

转入另一座写字楼

比如洁白的餐布上

美食的细节夸张到极致

对面，笑靥如花的女儿

斟上一杯金色的贵腐酒

……

只要不去抚摸

骨头里旧日的创痛

只要谎言侵蚀不了耳膜

只要愚蠢不以傲慢呈现

只要强盗依然用女人的丝袜蒙面
只要骗子残留羞耻的本能
我就不会回到愤怒的汉语中
将一粒粒狰狞的汉字
锻造成一把把锋利的尖刀
我也想做一个温良敦厚的人
从此岁月静好

2019 年 7 月 22 日

一只海鸥

傍晚时分，一只海鸥
落在对面屋顶
我坐在长条木椅上抽烟
这家苏格兰小院
开门望得见大海
这只海鸥每天准时
降落对面屋顶
就像我每到傍晚
准时出现在院子里
它肥胖的身姿和严肃的表情
让我想起二战时期的丘吉尔
我已习惯在异国落日余晖中
抽烟、发呆
甚至不用抬头就知道
它正歪着头打量我
偶尔它咕咕轻啼

我会按灭烟头
抬头与它对视

2017 年 7 月 5 日

爱丁堡

这座城市的上层建筑

都是有钱人的居所

所有的人都在向上攀缘

国王住在山巅城堡

上帝住进尖顶教堂

穷人在地平线以下

在玛丽·金夹道

像鼹鼠一样向下挖掘

储藏身体和粮食

中世纪的黑暗褪去

维多利亚的阳光抹掉古建筑的泪痕

金链树和草坪铺满大地

皇家一英里大街上

女王的马车驰向荷里路德夏宫

穿花格裙的高地男人奏响风笛

地底的穷人再没从洞穴里爬出来

一根根白骨挤在一起
成为历史的内伤

来自东方的游客小心翼翼
传说中的魔鬼就埋在石板路底下
每一步踩上去
都听得见他们尖叫
黑夜来临，他们从下水道钻出来
面色苍白，瘦骨嶙峋
躲在墙角酗酒、嗑药
而此刻，我坐在一家名叫世界尽头的餐厅
享受牛排和威士忌

2017 年 6 月 2 日

上帝的午餐

站在福斯湾南岸

北海的风犹如千万根银针

透过厚厚的冬装

扎遍浑身七百二十个穴位

视线无限延伸

直抵千里之外的挪威海

微微起伏的海面

像一张巨大的蓝色餐布

上面空无一物

而我已饥肠辘辘

阳光从南回归线照过来

遥远的旅途让它柔软无力

无法烤熟一条搁浅的三文鱼

来自东方的食客

背靠苏格兰南部低地峭壁

安静地等待正午时刻来临

此刻，是否应有一个穿花格短裙的男人

吹响嘹亮的风笛

此刻，是否应有一群戴着羊毛披肩的女人

跳起热情的凯利舞

此刻，整个福斯湾是否应该灌满醇香的威士忌

此刻，远方盘子一样的岛屿是否应该随着缓缓的波涛

奉上烹熟了的蓝鲸、白鲨以及可爱的海豹点心

最后送上一只取自北冰洋万年冰山的巨大冰激凌

亲爱的上帝，我已腹鸣三响

预计中的美食依然未至

我至今未曾倒下，全靠东方哲学安慰自己

失望的思想者从海岸走回丛林

祖国不能给予我的，上帝也无法给予

被掠去的一切，只能靠自己去索取

2016 年 11 月 18 日

利斯河

爱丁堡额际一条隐约的皱纹
智慧和灵性的物种
暗藏在苏格兰郊外温带丛林深处
在我窗外白石栏杆桥下缓缓流淌
黑色的河水穿戴着时间的肌肤
浅浅的河床下埋着沉重得无法翻开的历史
当阳光照临，几只沉默的水鸭抖动翅膀
退化了的飞翔激荡起一片片水花
岸边密径潜伏在野草和枯藤丛中
石头城堡从梦境中醒来
灰色的折耳猫爬在雕花玻璃窗后
幽暗眸光中隐匿着地狱之门
黑色泥土深处，罗马帝国的荣光
与铜质的盔甲和饮血的剑刃一起腐朽
苏格兰骑士的马蹄印随石头风化
狮心君王折断的长矛蔓延成森林
詹姆斯·邦德化妆成憨豆先生

多毛的双腿劈开林中迷雾

长耳兔在晨跑者的步履中迷途

利斯河太纤细的腰身载不动一叶扁舟

我涉水而过，闯入者的躯体撞碎了阳光的屏障

呼吸的节奏扰乱空气的秩序

尖叫、咳嗽、凌乱的想象让所有的植物惊慌失措

三英里外，坐在大象咖啡馆的罗琳甩了甩湿漉漉的长发

哈利·波特、哈利·波特，在魔法学院入口打开那一瞬间

孩子的身影消逝在一杯咖啡的泡沫中

两百年前，柯南·道尔皱着眉头

在一块碎布上寻找蛛丝马迹

华生医生的马车载着福尔摩斯刚刚从这片草地碾过

这条爱丁堡腹部隐秘的伤痕

英格兰密探曾出没无常

一个族群对另一个族群的挤压，最终融合成一体

从日出到日落，帝国的幅员辽阔得无边无际

在利斯河的出海口，大航海时代的风帆遮天蔽日

薄雾升腾的水面，苏格兰人淡定的面孔从此定格

嘹亮的风笛声中，穿花格裙的男人佩戴英武的流苏

踏着整齐的步伐，直至太平洋的小岛

无动于衷的利斯河，从没天鹅坠落

林荫的水道，灰色的水鸭悠闲游荡

金链树低垂的柔枝抛洒一枚枚金币

白色的鹭鸶鸟被海风惊起，从此绝迹

东方的过客坐在利斯河畔的石椅上，面朝北海的方向
凛冽的风搅动一河碎金，让季节深入季节
放下手中翻残的《国富论》，我无法感知
多年前亚当·斯密是否穿过眼前的秘径抵达开阔的海滨

2016 年 11 月 11 日

杂　萃

（1）

河床里翻滚的洪流
站在河岸上的我
已感受到它的汹涌
短短三尺的距离
我既无法阻挡
它也无法将我卷走

（2）

总是在下午四点昏昏欲睡
咖啡和浓茶都无济于事
其实，我明白，我的祖国
正是大梦共眠的时刻

近五十年的积习

让我难以保持清醒

（3）

我早已对这个世界充满警惕

但，柔软的内心

总是无法抵挡谎言

一遍又一遍的洗劫

（4）

星光灿烂的夜晚

我会梦见亲人和朋友

与他们一起喝茶、打球

雾霾让他们面色模糊

这提醒我

确实是在做梦

（5）

我用苏格兰的牛肉和面粉

做了中国口味的馅饼

这让我确信

当年梨花姐

在田纳西州做的

是全天下

最好吃的

馅饼

（6）

在这座城市

五十天过去了

没见过警察

也没见过犯罪

所有擦肩而过的陌生人

都对我面露微笑

（7）

离开之前
我将在爱丁堡的天空上
写下一行汉字：
喻言到此一游
尽管，并不是所有仰视的人
都能读懂

2016 年 11 月 29 日

苏格兰的阳光照耀一个美食家的灵魂

今天的阳光灿烂得像无所不在的上帝
今天的天空蓝得像维多利亚时期的海盗
苏格兰的草坪上，我脱掉了厚重的外衣
在木格长椅上，身体摊开得像一张薄饼
主啊，请将这发霉的肉体与灵魂煎了吧
再飘落几片金链树细碎的叶子
请把这道东方的美食当作你的午餐
也许，这是我虚无的生命唯一的价值

2016 年 10 月 25 日

杀死比尔

坐在露天咖啡馆的时候

听见有人喊比尔

在超市结账时

又有人喊比尔

就连每天散步遇见的那个乞丐

也叫比尔

想起多年前那部美国电影《杀死比尔》

这么多比尔，杀得完吗？

也许只杀他们其中一个

我努力回忆最近见过的全部比尔

想痛了脑袋也没想出来

谁是那一个该死的比尔

2016 年 10 月 20 日

第六辑　机器人时代

机器人时代（组诗）

（1）一群机器人散步

开始的时候，三三两两
散布在城市僻静的小路上
按照各自设定的程序
各行其是，并不交集
这些孤独的机器
这些金属、塑料和硅的复合制品
混迹人群中
并不引人注目
他们渐渐汇集繁华的街头
他们同样的毫无表情的表情
让他们与他们周边的人群悄然分离
越聚越多，他们已汇聚成一股泛金属的洪流
卷过繁华的十字路口
涌向城市中央广场

他们整齐的步履
踏在坚硬的柏油路上
整个城市发出沉闷的回响
在广场巨大的花坛前
他们停下来
一声不响
肃立成一杆杆标枪
一瞬间，整个世界
安静下来
远处围观的人群
眼中闪现一阵惊恐

作为这场游戏的策划者
我躲在城市边沿一座大楼深处
手忙脚乱操作着失灵的遥控装置
这群自作主张的机器人
正把我陷入犯罪的深渊

（2）与一群机器人谈恋爱

她们中的每一个
都有一个德艺双馨的原型
这些原型来自这个星球上

几块不同的大陆

她们肤色迥异，姿态婀娜

围坐一张圆桌旁

他感觉自己正在召开

联合国妇女大会

事实上他仅仅是一个前途幽暗的

干瘪老光棍

他一生的积蓄换来这群仿生人机器

以及安置她们的这栋房子

他将她们分布在不同的房间

并通过程序设置

将她们日常活动

局限在各自狭窄的空间

只有举行重大仪式的时候

才将她们召集一起

他左顾右盼，神采飞扬

油然而生世界在握的感觉

更多的时候，他精确扮演

不同性格和类型的情人

时而是温柔的花心少年

时而是睿智的敦厚大叔

时而是狂野的浪子

时而是居家的暖男

时而甜言蜜语、柔情似水

时而狂风骤雨、抵死缠绵

时而有点暴力有点变态

时而克己复礼，按部就班

为了保证不同空间不同角色

准确切换迥异的情爱模式

他在大脑植入智能芯片

后来，又陆续用人造器官

更换身体各种损坏的组织

事情的发展最终演变成

一场地老天荒的爱情

一个老不死的男性机器人

与一群老不死的女性机器人之间

持续上千年的恋爱

被后来的人类保护下来

申请了银河系非物质文化遗产

（3）与机器人共进晚餐

与它相对而坐

只在我面前铺上餐布！

洁白的陶瓷圆盘上

一朵鱼肉拼成的鲜花

在薄雾缭绕中若隐若现

背景是古典乡村音乐

它面前一如既往

空空荡荡

盯着我手上忙碌的

银光闪烁的刀叉

它目光中有迷茫也有仰慕

这种古老的交流仪式

对于没有味蕾程序设置的它

本质上是一种折磨

而对于舌齿功能退化的我

则是一场挽救

座位上镶嵌一片充电金属装置

当它坐在上面

就以舒适的节奏开启能量补充

这个时代，人类依然坚持

通过嘴巴获取营养

机器人用屁股得到动力

这是人类与仿人类最大的区别

食物已高度浓缩

我们的肠胃正在萎缩

味蕾像梦幻一样逐次破灭

基因的顽强依然支撑我

定期请机器人共进晚餐

星球上濒临绝迹的餐厅

透过巨大的落地窗

看得见整个银河系

美丽的星云图神秘而深邃

我一边吃着充满象征意义的美食

一边滔滔不绝向它讲述

嘴巴的功能

——吃饭与说话

是人类天赋的权利

（4）机器人大战

这颗星球的表面布满核设施

所有人都投鼠忌器

战争回到冷兵器时代

《葵花宝典》《九阴真经》

绝世神功从古籍中翻出来

输入一只只芯片

战争不再以血肉消亡为代价

取而代之的战斗机器人

由同一家托拉斯制造

被不同组织采购

最终成为彼此争霸工具

辽阔的战场上

像远古一样排兵布阵

寒光闪烁的合金武器、森然的队列

以及风中猎猎翻卷的大旗

而它们的指挥官远在

千里之外的指挥中心

透过巨幅的电子显示屏

对战场的一切明察秋毫

战斗的场景向全人类直播

战争开始之前

敌对双方的代言人发表冗长的演讲

宣称己方代表正义

指责对方恶贯满盈

事实上，没有谁会在意这一切

这时候，全世界赌场开出盘口

超过半数的地球人都成了赌徒

而敌对双方纷纷押注对方获胜

战斗的场面乏味可陈

没有血肉横飞的惊心动魄

金属与金属的撞击异常沉闷

只有偶尔电火花闪烁活跃氛围

结束之后，战场上

到处是变形的金属、散落的电子元件

以及烟火未灭的线料

为了逃避巨额垃圾清扫费

交战双方以废旧元部件的名义

将这堆垃圾处理给偏远的部落

他们利用回收的废品

组装出二手战斗机器人

这些像他们的首领一样猥琐的凶器

却成为肆掠的主力

战胜方并不欣喜

他们输掉了赌注

战败方也毫无伤悲

他们分担的战争赔款

都被他们赢来的赌注冲抵

野心家们或欣喜若狂或如丧考妣

权力阴影下的土地

或再度膨胀或进一步缩水

（5）机器人接管了整个世界

未来世界，恐怖主义风起云涌

阴谋与暗杀此起彼伏

元首们纷纷使用替身机器人

出席各种国际会议

登台演讲，在电视上忽悠选民

应付议会种种刁难

在早起和临睡前发推

对媒体故弄玄虚

或者一身戎装

去军队检阅

我甚至怀疑足以乱真的机器人

代替他们周旋在

众多的情人间

它们无懈可击的续航能力

让她们每一个都意乱情迷

身心俱疲

以上所说都是这个世界

最高机密

我之所以知道这一切

是因为我正和真身们一起

躲在地下一个戒备森严的基地

向他们传授四川麻将

他们分坐若干牌桌

天昏地暗、血战到底

没有人担心

没有了他们，世界会变得更糟

事实上，所有人通过监控视频看见

太阳每天照常升起

这个星球正变得安宁

2021 年 10 月 27 日

一条鱼的命运及其世界观

（1）一条鱼的遗言

这个时代，作为一条鱼

基本上都是非正常死亡

准确讲，被人类捕杀

关于死亡，我比我的前辈

有着更多的心理准备

虽然我也想寿终正寝，老死水乡

但我知道，这是不切实际的奢望

中年夭折，其实不算最坏的结局

比起那些被杀死在母腹中

还处在卵子阶段的兄弟姊妹

我已经很幸运，多活了这么多岁月

游览过这么多江河湖泊

见识过这么多大风大浪

经历过这么多日升月落

我对我的鱼生已经很满足

过去的日日夜夜

我拒绝过无数包藏祸心的钓饵诱惑

从千万条过江之鲫中成为漏网之鱼

我对危险的感知已达到炉火纯青的境界

逃生的本领已成为本能

毫不谦虚地说，我就是鱼类中的老狐狸

但是，我知道，再狡猾的猎物

也逃不过猎手的枪口

我知道我最终的命运

将会成为人类餐桌上一道菜

满足他们口舌之欲

填充他们肠胃的空虚

最后骨骸被倒进垃圾桶

这样的结局，我并无怨言

我只有一点小小的可怜愿望：

如果破腹刮鳞端上餐桌已注定

请不要把我切成段、剁碎成泥

请不要把我油炸、红烧、水煮

我不想成为丸子丧失本相

也不想被辣椒、花椒、酱油

太多的佐料掩盖本色

请将我清蒸，保留身体的完整

加一点点姜、一点点葱、一点点盐

让我以一条鱼的原貌

呈现在那些食客面前

请给我这最后的尊严

2016 年 4 月 21 日

（2）一条鱼的死亡通知书

作为杂食的人类，我的食物癖好

更倾向于高脂肪高蛋白的动物

尽管我的体内早已积淀太多的营养

把我的健康推向危险的边缘

但我的口舌和肠胃积习难改

就像资深的嫖客，与其说是对妓女的迷恋

不如说是对淫逸氛围和环境的依赖

有时我也反省这种慢性自杀行为

计划更换一种健康和环保的食谱

比如素食，比如用豆制品代替肉类

素菜馆那种以假乱真的山寨菜肴

刺激我肉食的欲望一再升级

每天步行一万步，消耗大约七百卡路里

肚腹之间会产生一种强大的空虚

足以吞下肉眼所及的所有活物

我怀疑人类肉食的偏好

是原始时期血腥兽性的残留物

综合健康需求和口舌的快感

我不得不把目光转向鱼类

那些潜伏在汹涌波涛下的美食

就像养在深闺中的美人

肌肤细嫩、滋味悠长

那些亮闪闪鳞片保护下

蛋白质和不饱和脂肪酸晶莹剔透

我决定每天向一条鱼发出死亡通知

我不希望她意外死亡

那将破坏鲜嫩的口感

也不会让她的死期提前

只是在餐前两小时

让她的鲜血在淡红色的流水中慢慢流失

这样死亡的鱼能将自然的美味发挥到极限

毕竟是接受过现代文明教育的绅士

我不会乱杀无辜

对一个生命终结的唯一理由

只能是另一个生命延续的强烈需求

对一个生命的终结方式

需要一种最优雅最有美感的形式

江湖上讲以命搏命

就用鱼的命搏我的命

一将功成万骨枯

我仅仅让万条鱼的骨骸枯

而且与成名无关，与生命有关

每天一条，仅仅一条

为此，足以感动中国

我保证吃干净每一丝跗骨的鱼肉

并保持骨骸的完整

我认为这样一丝不苟的态度

是对一条鱼、一道美食最大的尊重

我不会将雪白的鱼骨与垃圾混杂

而是将它们倒进江河湖海

让她们的魂魄回到生命的源头

与时间一起腐朽

2016 年 4 月 22 日

（3）一条鱼的自绝书

我决定自绝于鱼类

在投胎做鱼之前

我做过无知无觉的昆虫

做过螳螂身后那只黄雀

做过蝇营狗苟的人类

我默默祷告，希望上天开眼

让我来生在辽阔的江河湖海中

做一条自由自在的鱼

上天开眼了，我却没开眼

当年我站在岸上看鱼的时候

只看到烟波缥缈间的自由

却没看到风平浪静下的凶险

被大鱼吞掉、吃小鱼时被噎死

被钓钩钓起，被渔网捕捞

被海底火山烫死、被八爪鱼缠死

最恶心的是在污染水域被搞得半死不死

鳞片脱落、皮肤溃烂，鱼头浑浑噩噩

还有被核辐射搞得半鱼半怪

头大如斗，身细如蛇

像一条放大亿万倍的精虫

这些丑态百出的怪物只能躲在

固定水域，羞见鱼类

最后从这个世界上默默消失

鱼类的非正常死亡千奇百怪

最残忍的是沦为人类的食物

被活生生削成一片片透明的薄片

在人类牙齿的咀嚼中命若游丝

或被油烹、被火烤

或被布满辣椒花椒的沸水煎熬

祸害的源头归根结底只有一种

人类的贪婪、无知、愚昧

我知道生物进化从鱼到人

人类的基因组织中隐藏着鱼类密码

我甚至怀疑人类是鱼类的邪恶变异

此生不幸，人为刀俎，我为鱼肉

今天幡然悔悟，不能如此被动偷生

我决定提前结束自己

我将游经核辐射水域

在变异之前，愿者上钩

让我潜伏着核污染的肉体成为人类的美食

我要做鱼类的恐怖主义者

用我的肉体炸弹给人类敲响警钟

用我的骨骸竖起鱼类英雄纪念碑

鼓舞后继者层出不穷

让贪婪的人类噩梦连连

2016 年 4 月 26 日

（4）一条鱼与一个人的游戏

必须等到夕阳西沉，黑暗的边沿嵌入眼底

必须等到耐心耗尽，希望面临崩溃

必须等到晚风渐起，行人踏上归途

这个过程有点像人类熬鹰

拉抻忍耐力的极限

只有等到最后，万不得已

我才会吞下那条在水中冻僵的钓饵

丧失了鲜活生命的蚯蚓味同嚼蜡

不断挑战我美食的品位

然后就被钓出水面

然后被从鱼钩上取下，扔回水里

我目的如此单纯

仅仅享受一次冒险的死亡之旅

就像人类在大峡谷上玩一次蹦极

死里求生的体验比一场完美的性爱更加刺激

这个游戏每天都在重复，数十年如一日

那个偏执的钓者，一头茂密的黑发

染上点点白斑，最后大雪压顶

挺拔的腰身渐渐弯向大地

我很难定义我们之间的关系

有时像数十年生死相搏的对手

有时又像高山流水逢知音的俞伯牙与钟子期

甚至，某时，我会觉得我们更像

一对亡命天涯的欢喜冤家

持续数十年的游戏，日复一日，从不间断

我们早已气息相通、血脉相承

我中有你，你中有我
也许我们都是彼此族群里的另类
也许我们的相遇出自宿命
彼此的角色命中注定，无处可逃
仿佛我们人生的全部意义就是这场游戏
不知道这场游戏还要持续多久
如果有一天，岸上垂钓的身影不再出现
我将在空旷的水域惶然失色
不知将如何熬过剩下的时间
或许生命就此终结，让肉体和魂魄一起
消散在空虚的漩涡中

2016 年 5 月 3 日

后　记

我是一只自我关押了二十多年的困兽，2014 年夏天，一头撞碎闸门，重返诗歌的原野。已经陌生的领域，让我有些茫然，曾经远离的汉语被我抓捕回来，重新打磨我那退化迟钝的爪牙。

2014 年的夏夜，在尘世泥泞中挣扎了二十多年的我，在诗歌的分行中复活，我听见自己带着节奏的心跳。那一夜，我写下辍笔多年后第一组诗《我的内心住着一头豹子》。

这组诗，后来被时任《星星诗刊》主编的梁平兄发在该刊的头条栏目上。二十世纪八十年代，我大学时代的处女作也发表在《星星诗刊》。冥冥之中，诗意昭昭。

有朋友试图找到我的文学传承谱系，毫无例外，俱皆失望而归。我开始分行写作之前，甚至不知道当时正如日中天的北岛。作为中文系在读大学生的我，正沉迷于当时流行的萨特、弗洛姆、海德格尔晦涩的文字。之后的阅读中，我才开始接触波特莱尔、庞德、艾略特、史蒂文斯、布罗斯基……但毫无疑问，这些世界级的大师并没能启迪或者改变我固执的写作路径。我就是一个石头里蹦出的野生写作者，在汉语的疆域，百无禁忌，横冲直撞。

我的写作更像一个不需要听众的自语者，即使先锋诗歌狂飙突进的八十年代，诗人们拉帮结派山头林立的时候，我依然安静地坐在一边自说自话。所有的诗歌运动均与我擦肩而过。我与他们一起喝酒、扯淡、浪迹天涯，但不与他们合纵连横，我始终认为写作属于一个人的事业，衡量一个诗人价值的唯有文本。文本之外的，一切都是行为艺术。

二十世纪九十年代初，社会变革大潮涌动，60 后的诗写者，大都风云流散。有的转投商海，有的沉寂校园，有的隐匿江湖。我也从故乡重庆迁居北方，而后结婚生子，为五斗米奔忙。诗意似乎已从我血液中分离，随钙流失。此后二十余年间，偶有动笔，只觉文词疏远，几难成篇。

2014 年，成都的一次聚会，见到那些多年杳无音信的诗歌兄弟、那些被岁月磨砺的熟悉又陌生的面孔，突然发现诗写的冲动其实从未远离我，二十余年，一直不动声色蛰伏内心隐秘角落，仿佛外星人预设在地球上的装置，在等待宇宙某一时刻某一声来自外太空的神秘呼唤。

2014 年，诗歌的闸门打开，蓄积了二十多年的洪水倾泻而出，带着呼啸的文字和时间的力量，冲着这个世界一往无前。2014 年夏天至 2015 年夏天，季节的一个轮回，我写下近二百首作品。几乎每一天，我都有着饥渴的写作冲动，仿佛要把沉寂的二十多年找补回来。这段时间的部分作品，以及上世纪八十年代末九十年代初的部分作品，在前四川文艺出版社社长吴鸿兄的鼓动下，编入我回归后的第一本诗集

《批评与自我批评》。在此，再次感谢这位怀抱诗歌理想英年早逝的出版人对我文字的偏爱。

2015 年以后的时间里，我几乎保持着每年百余首的创作量。老诗人张新泉先生曾当面对我旺盛的创作动能表示好奇。我告诉老先生，诗写让我找回一种多年前存在而后又失去的人生状态，它现在已成为我生活的基本仪式。

本书作为我回归后第二部诗集，全部作品均自 2015 年夏至 2021 年春期间创作、存留的七百多首诗中选出。甄选的过程，对于写作者，是残忍而艰难的。在此，感谢诗人刘太亨兄、山鸿兄、龚静染兄。基于友情酿就的耐心以及数十年写作和博览练就的不凡眼光，他们各自为我做了一轮甄选，为本书最后的定稿打下基础。

还要感谢多年来一直关注我的诗歌读者，在这个诗写者比读者更多的年代，我几乎每天都收到他们通过微信和微博传来的鼓励。他们的存在，让我六七年间一直保持旺盛的写作状态。

最后，隆重感谢诗人吉狄马加先生于百忙中拨冗为本书作序。正是他的如椽巨笔为这本平凡的诗集贴上了一枚开光的灵符。

2021 年 5 月，北京